DEBUT D'UNE SERIE DE DOCUMENTS
EN COULEUR

ÉMANCIPATION BRETONNE

Fédération de la Jeunesse Laïque et Républicaine
DE BRETAGNE

SIÈGE SOCIAL : 7, Quai du Mail d'Onges, Rennes

LA JEUNE BRETAGNE

*Conférence faite aux camarades
de la Section Rennaise de l'E. B.*

LE 19 NOVEMBRE 1906

PAR

Anatole Le Braz

PRIX : **0** FR. **10**

RENNES. — Impr. P. GUILLAUME, 15, Rue Kéréon

L'Aurore Armoricaine

Revue mensuelle politique et littéraire

Organe de l'« Émancipation Bretonne » de l'« Union Républicaine des Étudiants Rennais » et de tous les groupements de la Jeunesse républicaine ou socialiste de Bretagne.

LE NUMÉRO 0 FR. 10
PRIX DE L'ABONNEMENT 1 FR. 50

Le premier Numéro paraîtra en Janvier 1906

Le magnifique élan qui pousse depuis quelques mois la jeunesse républicaine de la Bretagne en avant a acquis une telle force qu'il importe aujourd'hui de donner à la pensée des jeunes un organe qui soit vraiment à elle et où elle puisse s'exprimer dans toute son ardeur et avec tout son enthousiasme. L'*Aurore Armoricaine* sera la tribune libre des jeunes. Toute idée républicaine, laïque ou socialiste y sera accueillie avec la plus grande impartialité.

Les Abonnements sont reçus au siège social de l'E. B. 7, Quai du Mail d'Onges, Rennes, au siège social de l'U. R. E. R. 3, Quai Lamartine, Rennes ou à la librairie du *Réveil du Finistère*, 15, rue Kéréon, Quimper.

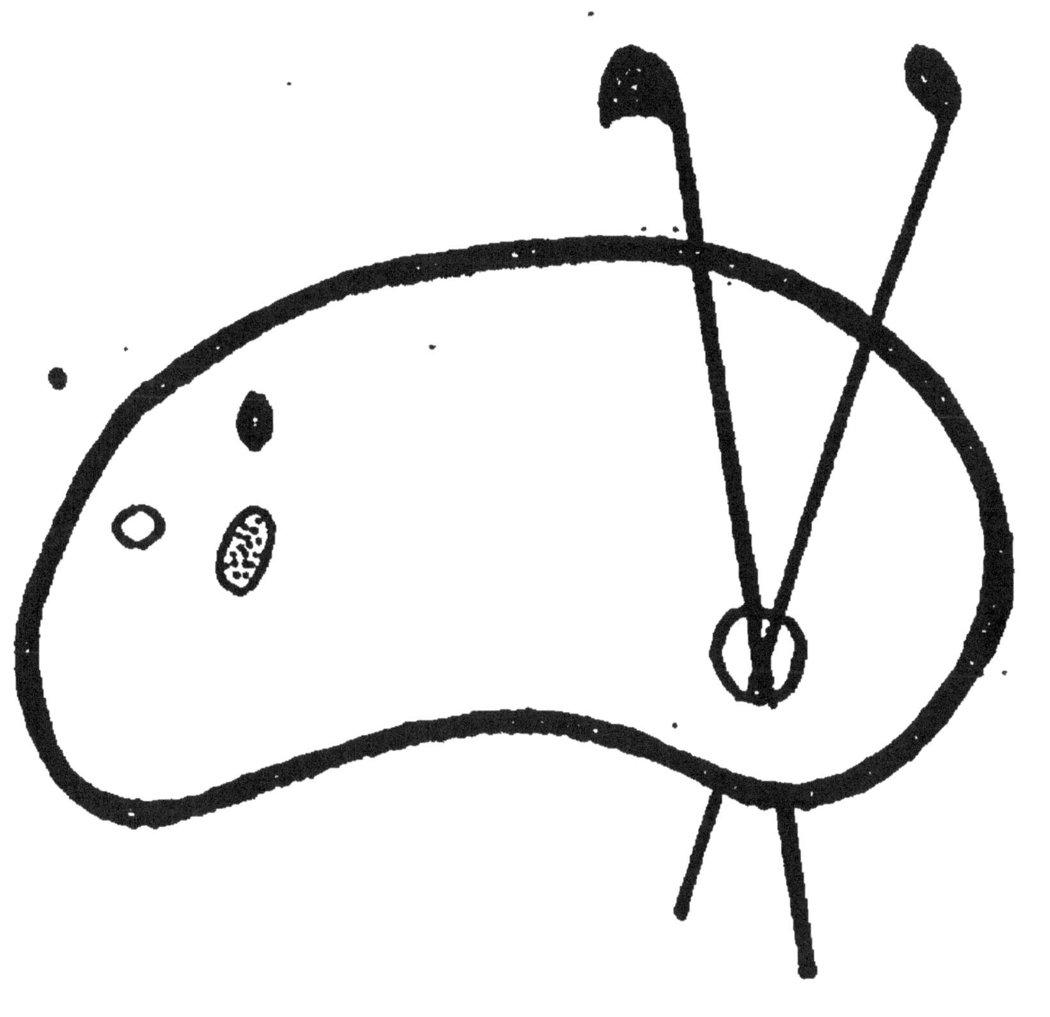

FIN D'UNE SERIE DE DOCUMENTS
EN COULEUR

Convié par votre Association naissante à inaugurer votre première session, — car c'est, si je ne me trompe, la première fois que vous vous réunissez officiellement, — j'ai pensé que je ne pouvais mieux faire que de vous entretenir de la *Jeune Bretagne*, c'est-à-dire, en définitive, de vous-mêmes.

La Jeune Bretagne ! Voilà un substantif et un adjectif qui n'ont pas souvent l'habitude d'être accolés l'un à l'autre, et je ne suis pas sans me rendre compte, tout le premier, de ce que leur union présente de paradoxal. Quelle est, en effet, la conception que l'on se fait ordinairement de la Bretagne ? C'est celle d'une terre très vieille, dont la poésie, le charme et l'attrait proviennent surtout de ce qu'elle est comme immobilisée aux rives des âges. Je n'ai pas le droit d'oublier que moi-même je l'ai définie : La terre du passé. Ce que beaucoup d'entre nous

2

aiment en elle, ce que les gens du dehors, artistes et touristes, y viennent chercher, c'est surtout le sentiment et le spectacle de l'*autrefois*, c'est l'exotisme dans le temps.

Et il en est des hommes comme du pays.

Leur âme est, comme leur terre, jonchée des souvenirs des époques disparues ; et, si l'on pouvait y pratiquer une sorte de coupe idéale, on y verrait, semble-t-il, superposées ou confondues, toutes les stratifications encore vivantes des civilisations abolies. Tandis qu'ailleurs il y a eu évolution, c'est-à-dire que l'ordre de choses ancien a été peu à peu éliminé par le nouvel ordre des choses, en Bretagne le passé non seulement coexiste avec le présent, mais encore continue d'exercer une action profonde sur la mentalité, sur la sensibilité, sur tout l'être physique et moral du Breton.

Il n'est pas jusqu'au chant national de la race — je parle du chant authentique, transmis par une mémoire séculaire, et non de celui que des fantaisies individuelles toutes récentes viennent d'y substituer, — il n'est pas, dis-je, jusqu'au chant national populaire qui n'exalte le passé au détriment de la condition présente. Vous connaissez ce refrain de « Ann hini goz », si cher à nos grand'mères et dont, pour ma part, je ne puis jamais entendre les accents, sans en être délicieusement et mélancoliquement remué : « La jeune, certes, est jolie, mais c'est la vieille qui a mon amour ». La tentation est grande, pour un esprit rétrograde, d'interpréter cette ritournelle comme un symbole. On n'y a pas manqué. On a voulu y voir l'expression même de la conscience bretonne affirmant son culte des choses antiques et son horreur pour les nouveautés.

De là à prétendre que le Breton n'est pas fait pour la vie moderne, il n'y a qu'un pas. Et le certain, c'est que, de nos jours encore, il reste en proie à une sorte d'hypnotisation à distance par le passé. Il est mécontent du présent, estimant qu'aucune de ses aspirations n'y trouve à se satisfaire, et il y a chez lui une tendance marquée à se figurer que la vie ancienne était préférable. Il ne réfléchit pas que cette vie ancienne a été le présent pour les générations antérieures et que, ce présent-là, les générations d'alors ne le goûtaient pas plus qu'il ne goûte, lui, le présent actuel.

L'éternel malentendu dont il est dupe consiste à croire que l'âge d'or est derrière nous, alors qu'il est devant nous et qu'il n'entrera dans le domaine des réalités qu'autant que nous nous en ferons les artisans. Faut-il pour cela opérer une rupture complète avec le passé ? Je serais le dernier à le souhaiter, supposé que de pareilles ruptures soient possibles. Mais je voudrais du moins que le respect du passé, en ce qu'il eut de respectable, ne dégénérât point en idolatrie. Châteaubriand, qu'on n'accusera pas d'être un témoin suspect, protestait déjà contre cette « manie du passé » qu'il ne cessait, dit-il, de combattre. « L'immobilité, déclarait-il, est impossible. Force est d'avancer avec l'intelligence humaine. Respectons la majesté des temps ; contemplons avec vénération les siècles écoulés, rendus sacrés par la mémoire et les vestiges de nos pères ; toutefois n'essayons point de rétrograder vers eux, car ils n'ont plus rien de notre nature réelle et, si nous prétendions les saisir, ils s'évanouiraient. » [1]

Pour soustraire le Breton au mirage du passé, il suffirait de l'édifier sur ce passé. S'il le connaissait, il cesserait de le considérer comme l'ère enviable. Le malheur est qu'il ne sait point sa propre histoire. Ce n'est pas faute cependant qu'elle ne crie vers lui, jusque dans les complaintes que lui ont léguées ses ancêtres et qu'il répète machinalement après eux. Je ne sais pas de protestation plus éloquente que celle qui s'élève des *gwerziou*. Certes, oui, nous disent-elles, le passé fut l'âge d'or. Mais pour qui ? Pour la noblesse et pour le clergé.

Noblesse et clergé : Présentement

---

[1] *Mémoires d'Outre-Tombe* (édit. Biré, I, p. 396)

encore ce sont les deux classes pré-
pondérantes en Bretagne. La terre
est entre les mains des uns, l'esprit
du peuple est entre les mains des
autres. Ils tiennent, si je puis dire, le
pays par les deux oreilles, par son
intérêt en ce monde et dans l'autre,
par l'argent et par le paradis. Que ces
deux catégories d'hommes ne cessent
de répéter aux Bretons : « C'est hier
qu'il faisait bon vivre ! », cela se
conçoit. C'est une tendance si humaine que de s'imaginer qu'on assure
le bonheur d'autrui en consolidant le
sien propre !

*Quand Auguste avait bu, la Pologne
était ivre.*

Oh ! ils ne le disent du reste pas
avec cette brutalité. Si ingénu, si
candide que soit le peuple breton, il
aurait peut-être quelque velléité de
se refuser à les en croire sur parole.
C'était bon, autrefois, cette simplicité
d'âme. Aussi ont-ils un peu modifié
les procédés. A des temps nouveaux
il faut d'autres méthodes.

Le noble (et j'entends par là toutes
les formes d'aristocratie liguées pour

le maintien en tutelle des classes dites
inférieures) ne peut plus, pour domi-
ner, se prévaloir uniquement de sa
naissance ou de sa richesse. Il n'est
plus le chef-né, le *native ruler*, comme
disent les Anglais. Aujourd'hui que le
pays choisit lui-même ses gouver-
nants, le noble n'a plus qu'une façon
de rester chef, et c'est de solliciter
un mandat électif, mandat de con-
seiller général, ou de député, ou de
sénateur. Aussi es:-ce la tactique
qu'il met communément en œuvre.
Quittant le donjon d'où il commandait
autrefois, il descend parmi les gens
de la glèbe. Il leur dit : « La Révolution
qui m'a dépouillé de mes priviléges
vous a fait libres : usez vite de cette
liberté pour me rendre sur vous mes
anciens droits de maître. « Ou plutôt
il ne le dit pas ; il y a des hypocrisies
électorales qu'il faut savoir pratiquer.
Mais les procédés dont il se sert aujourd'hui sont-ils donc si différents
de ceux qu'employaient ses pères ?

Il n'y a plus la contrainte physique,
il est vrai : mais il y a la pression
morale, d'autant plus odieuse qu'elle

s'exerce sur des âmes faibles, mal
éclairées, à peine conscientes encore
de leurs devoirs et de leurs droits.
L'électeur qui ne se laisse pas inti-
mider, on le tente, disons mieux, on
l'achète. Et comment l'argent ne
triompherait-il pas des scrupules
d'une population paysanne ou mari-
time, condamnée le plus souvent à
des conditions de vie extrêmement
précaires et parfois à toutes les sug-
gestions de la faim ? Que si l'individualisme inné à la race fait mine de
répugner à ce honteux marchandage,
l'argent, le vil argent corrupteur se
transmue en pur liquide couleur d'or.

On fait communier la masse sous
les espèces de l'alcool. Pour abolir
la conscience, on annihile le cer-
veau. On traîne au scrutin des brutes
ivres. Je sais des communes de
Basse-Bretagne où l'on ne conçoit
plus une élection que comme une
immense-soûlerie, et je pourrais
citer tel marquis, candidat malheu-
reux à la députation, qui noya dans
l'eau-de-vie tout un arrondissement.
C'était sa façon de ramasser les

voix : il fallut ensuite ramasser les cadavres ; on en compta jusqu'à sept, morts de congestion alcoolique dans les douves. Naturellement, ce marquis avait pour lui toutes les têtes bien pensantes, et je dois dire qu'il était le candidat du clergé.

Non que le clergé, lui aussi, n'ait, en apparence, changé de méthode. Autrefois, pour assurer sa domination sur les âmes, il suffisait qu'il maintînt autour d'elles le mur de triple airain de l'ignorance. L'ignorance, vous le savez, est le plus merveilleux des isolateurs. Mais aujourd'hui ce mur de ténèbres est battu en brèche de toutes parts. En face de l'Église, l'État a dressé l'école, et par l'école la lumière filtre, la lumière entre dans les cerveaux enténébrés. Le livre, cette antique terreur des campagnes, en qui l'on n'était pas éloigné de voir je ne sais quel agent démoniaque, le livre a révélé sa vertu féconde, sa vertu nécessaire. En apprenant le français, le Breton a respiré l'air qui vient de France et le parfum de nouveauté qu'il apporte sur ses brisés. Alors qu'a fait le prêtre ? Devant l'école laïque — disons mieux : devant l'école tout court, il a édifié *son* école, l'école congréganiste, l'école cléricale que, par un singulier abus de mots, on a appelée l'école libre, — comme si les seules écoles libres n'étaient pas celles où l'on enseigne à l'homme à se libérer, de même que les véritables écoles serves sont celles où l'on enseigne à l'homme à ne faire usage de sa raison que pour l'abdiquer: Le clergé donc s'est mêlé, à son tour, d'éclairer le peuple, mais de l'éclairer à sa façon, c'est-à-dire en lui ménageant la lumière. A voir, dans nos campagnes, les résultats de cette éducation de parti-pris, on se demande, en vérité, si la vieille ignorance, l'ignorance toute crue ne valait pas mieux que cette ignorance mitigée qui croit savoir. Ah ! si le clergé breton voulait, il aurait d'autres tâches à remplir auxquelles il est plus propre, et qui seraient plus méritoires, et où il travaillerait avec plus de fruit pour l'avenir de la

Bretagne...

Cet avenir de la Bretagne dont votre jeune phalange se préoccupe à si juste titre, on a pu croire un instant, j'ai cru moi-même, que d'autres jeunes gens, vos aînés, se levaient pour s'y atteler d'un cœur enthousiaste et d'un esprit désintéressé. Nés du peuple pour la plupart, ils avaient résolu d'aller au peuple, de se refaire peuple avec lui, et, en lui parlant sa langue, sa vieille langue ancestrale, la langue de ses prières, de ses sentiments, de ses souvenirs, de le conduire, comme par la main, avec douceur, avec tendresse, dans la voie des destins nouveaux. Pour mieux s'en faire suivre, ils appelèrent la poésie à leur secours : en Bretagne surtout, la lyre est une bâtisseuse de cités. Mais, partis pour bâtir la cité future, voici que nous les vîmes tout à coup rebrousser chemin vers les ruines du passé. Jeunes camarades, personne plus que moi ne sent et ne vénère la beauté des ruines ; mais une ruine restaurée est une laideur et un contre-sens : on ne reconstruit

pas le passé. Déplorons l'erreur des
jeunes hommes dont je viens de
vous conter l'histoire, et ne les imi-
tez pas. Au fond, le désintéressement
de la plupart d'entre eux n'était, je
crois bien, que de surface. Leur
succès personnel et celui de leurs
poëmes leur importait, j'en ai peur,
plus que le sort du peuple pour
qui ils chantaient. En tout cas, c'est
une singulière façon de ranimer une
race que de la vouloir replonger
plus profondément aux eaux du
Léthé millénaire d'où elle vient à
peine d'émerger.

Loin de hâter l'avenir de la Bretagne, la tentative de ces jeunes
hommes, qui aurait pu être si salu-
taire, n'aura servi qu'à le retarder.
Jeunes camrades, cet avenir se fera
sans eux ; et, s'ils aiment vraiment
leur pays, tout en l'aimant mal, ce
sera leur châtiment.

Vous vous présentez aujourd'hui
pour être les bons ouvriers de la
tâche qu'ils n'ont pas pu ou qu'ils
n'ont pas su accomplir.

Pour cela, qu'avez-vous à faire ?

Ce n'est pas à moi de vous donner des conseils : je suis déjà un ancien et, peut-être, par mes souvenirs, par mes premières dilections, trop atta-ché encore à beaucoup de choses d'hier ou même d'avant-hier. Les meilleurs conseils, c'est en vous-mêmes que vous les puiserez, dans la ferveur de vos jeunes espérances, dans votre foi. Mais, ayant à réagir contre tous les tenants du passé, il est une méthode qui s'impose à vous, et qui est de prendre exacte-ment le contre-pied de la leur. Pour qui ont travaillé ces gens-là ? Pour la Bretagne ? Pour le peuple breton ? Je pense qu'ils ne font illusion à personne, pas même à leur propre conscience. Tous n'ont eu en vue que leur intérêt personnel. Eh bien ! que votre œuvre se recommande avant tout par son absolu désinté-ressement. Il n'y a que trop de Bre-tons disposés à faire le salut de la Bretagne pour eux-mêmes : soyez ceux qui feront le salut de la Bretagne pour la Bretagne. Oh ! la besogne n'est ni facile, ni petite. En nul pays du

monde, on n'a entassé plus de préju-
gés, forgé aux âmes plus de liens, et des
liens plus étroits. Vous ne rencontre-
rez que trop de compatriotes qui ne
veulent pas être émancipés. Ne ten-
tez pas de les émanciper malgré eux.
Donnez-leur la seule leçon qu'ils
puissent recevoir, la meilleure de
toutes, du reste, celle de la tolérance.

En combattant les idées, respectez
les personnes. Même au point de
vue du succès final, c'est encore la
tactique la plus sûre. Vous connaissez le farouche individualisme de
notre race. Renan a signalé avec
raison comme un des traits les plus
caractéristiques du Breton sa tendance à embrasser, par pur esprit
de chevalerie, la cause des vaincus.
Il n'y a pas de peuple qui, malgré sa
longue servitude intellectuelle et morale, ait gardé un sentiment plus vif
de l'exercice individuel de la liberté.
Et c'est pourquoi il ne faut jamais
désespérer de lui.

Qu'il sente en vous des passionnés
de la liberté, de toutes les libertés,
Vous savez que c'est par le sentiment

qu'on le conquiert. Toujours chez lui le sentiment précède l'idée. Il ne comprend que ce qu'il a senti. Ne dogmatisez donc pas. Il est plus réfractaire qu'on ne croit à tous les dogmes, — oui, même en matière religieuse. Et c'est pourquoi n'abusez pas trop des prédications. Vous semblez croire beaucoup à la vertu des conférences : je n'en suis pas aussi persuadé que vous. En Bretagne, c'est surtout sur la conscience individuelle qu'il importe d'agir. Le Breton, cet individualiste né, est lent à sortir de lui-même, à se plier à la pensée d'autrui. Il faut qu'il s'imagine avoir trouvé la vérité qu'on lui enseigne. Ne la lui enseignez donc point toute faite : mais aidez-le à la chercher, à la découvrir. Toutes les fluctuations de l'opinion républicaine en ce pays viennent de ce que l'on a voulu agir sur des groupes, alors que c'est chaque conscience individuelle qu'il eût fallu commencer par émanciper.

Ne tombez pas dans la même erreur. Constituez ici, comme vous l'avez entrepris, un séminaire de bonnes volontés et de convictions ardentes. Puis, rentrés en vacances au foyer natal ou, plus tard, dans les cantons de Bretagne où votre profession vous appellera à vivre, entamez avec patience, avec persévérance, cette œuvre lente, mais sûre, de la conquête des âmes, âme par âme. Travaillez-y moins encore par l'enseignement oral de la liberté que par la pratique personnelle de la liberté.

C'est ainsi, et ainsi seulement, que, rompant avec des habitudes déplorables, restées vivantes, même, hélas ! parmi beaucoup de républicains, vous dégagerez peu à peu de la Bretagne du passé la Bretagne de l'avenir. Et je demande seulement, en terminant, qu'avant de gagner les îles du Sommeil, les bonnes fées celtiques me donnent de contempler les premiers résultats de votre œuvre et d'applaudir en vous les annonciateurs définitifs du printemps sacré de la Bretagne.

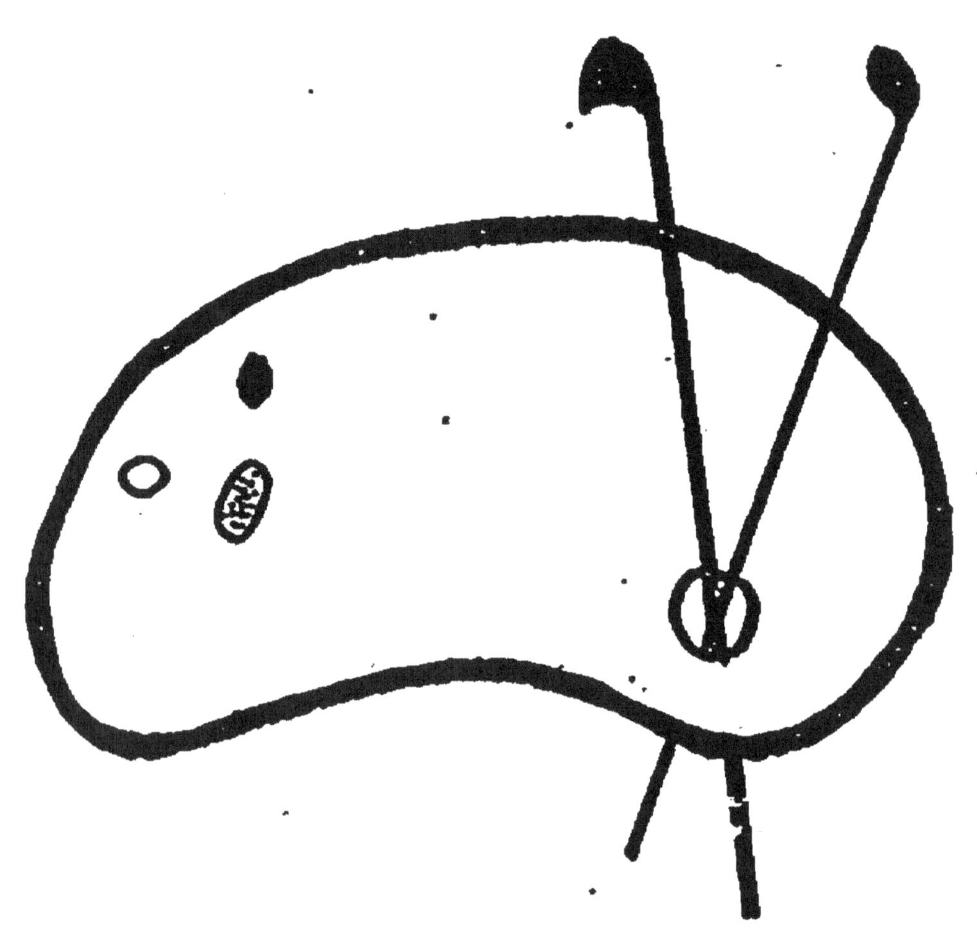